BEI GRIN MACHT SICH I
WISSEN BEZAHLT

- Wir veröffentlichen Ihre Hausarbeit,
  Bachelor- und Masterarbeit

- Ihr eigenes eBook und Buch -
  weltweit in allen wichtigen Shops

- Verdienen Sie an jedem Verkauf

Jetzt bei www.GRIN.com hochladen
und kostenlos publizieren

Bibliografische Information der Deutschen Nationalbibliothek:

Die Deutsche Bibliothek verzeichnet diese Publikation in der Deutschen National-
bibliografie; detaillierte bibliografische Daten sind im Internet über http://dnb.d-
nb.de/ abrufbar.

Dieses Werk sowie alle darin enthaltenen einzelnen Beiträge und Abbildungen
sind urheberrechtlich geschützt. Jede Verwertung, die nicht ausdrücklich vom
Urheberrechtsschutz zugelassen ist, bedarf der vorherigen Zustimmung des Verla-
ges. Das gilt insbesondere für Vervielfältigungen, Bearbeitungen, Übersetzungen,
Mikroverfilmungen, Auswertungen durch Datenbanken und für die Einspeicherung
und Verarbeitung in elektronische Systeme. Alle Rechte, auch die des auszugsweisen
Nachdrucks, der fotomechanischen Wiedergabe (einschließlich Mikrokopie) sowie
der Auswertung durch Datenbanken oder ähnliche Einrichtungen, vorbehalten.

Impressum:

Copyright © 2007 GRIN Verlag, Open Publishing GmbH
Druck und Bindung: Books on Demand GmbH, Norderstedt Germany
ISBN: 9783640647989

Dieses Buch bei GRIN:

http://www.grin.com/de/e-book/152665/virtuelle-communities

Anonym

Virtuelle Communities

GRIN Verlag

Ruprecht-Karls-Universität Heidelberg

Fakultät für Wirtschafts- und Sozialwissenschaften

Lehrstuhl: Wirtschaftsinformatik

Wintersemester 2006/2007

Seminar: Ausgewählte Themen der
Wirtschaftsinformatik

Virtuelle Communities

Inhaltsverzeichnis:

Kapitel I: Problemstellung und Aufbau der Arbeit

In Kalifornien wurde bereits Anfang[1] der 80er Jahre die Community „The Well",
die auch noch heute zu den größten und beliebtesten Communities in Amerika
zählt, gegründet. Die Idee von Cliff Figallo, dem Gründer von „The Well", war,
eine Community für Menschen, die entweder an Computern interessiert sind oder
beruflich mit Computern und Software zu tun haben, zu erzeugen,[2] um sich über
verschiedene Themen zu unterhalten. „The Well" hatte in ihren besten Zeiten
mehrere Tausend aktive Mitglieder. Durch die Verbreitung des Internets entstanden
weitere Communities. 1999 gab es bereits mehr als 100.000.[3] „Damit zählen
Communities zu den herausragenden Phänomenen, welche die globale Vernetzung
durch Telekommunikationsdienste hervorgebracht hat."[4] Es existieren viele erfolgreiche Communities, aber auch zahlreiche erfolglose. Es stellt sich die Frage: Was
kann zum Erfolg einer Community beitragen und was sollte beim Aufbau beachtet
werden?

Zunächst wird in Kapitel II der Begriff virtuelle Community dargestellt. Danach
gehe ich auf den Aufbau, die Nutzer und den Nutzen von Beziehungen für
Communities ein. In Kapitel III erfolgt die Darstellung einiger Erfolgsfaktoren, wie
Chat-Rooms, Mailinglisten und Foren. In Kapitel IV versuche ich, Unterschiede zu
offline Communities aufzuzeigen. Mit Kapitel V, in dem ich ein Fazit ziehe, wird
die Arbeit abgeschlossen.

---

1 Vgl. Lohse, C. (2002): Online Communities: Ökonomik und Gestaltungsaspekte für
Geschäftsmodelle: Vollständiger Abdruck der von der Fakultät für Wirtschaftswissenschaften der
technischen Universität München zur Erlangung des akademischen Grades eines Doktors der
Wirtschaftswissenschaften (Dr. rer. pol.) genehmigten Dissertation, S.1.
2 Vgl. Pawlowitz, N. (2001): Kunden gewinnen und binden mit Online-Communitys: So profitieren
Sie von Foren, Chats, Newsgroups und Newslettern: Die Strategien für erfolgreiches Internet-
Marketing, S. 58.
3 Vgl. Lohse, S.1.
4 Lohse, S.1.

Kapitel II: Einführung

2.1 Definitionen virtueller Communities:

Für den Begriff Community existieren sehr viele verschiedene Definitionen. Es handelt sich um ein Thema, das mehreren Bereichen angehört und damit aus unterschiedlichen Blickwinkeln mit verschiedenen Schwerpunkten betrachtet wird.[5]

Eine eher soziologische Beschreibung ist z.B.

„Virtual communities are social aggregations that emerge from the Net when enough people carry on those public discussions long enough, with sufficient human feeling, to form webs of personal relationships in cyberspace."[6]

Ein Beispiel für eine eher sozialpsychologisch ausgerichtete Definition ist

„Eine virtuelle Gemeinschaft ist ein Zusammenschluss von Menschen mit gemeinsamen Interessen, die untereinander mit gewisser Regelmäßigkeit und Verbindlichkeit auf computervermitteltem Wege Informationen austauschen und Kontakte knüpfen."[7]

Außerdem gibt es Definitionen, die eine geschäftliche Nutzung beschreiben, wie

"Virtual communities are groups of people with common interests and needs who come together on line. Most are drawn by the opportunity to share a sense of community with likeminded strangers, regardless of where they live. But virtual communities are more than just a social phenomenon. What starts off as a group drawn together by common interests ends up as a group with a critical mass of purchasing power, partly thanks to the fact that communities allow members to exchange information on such things as a product's price and quality"[8]

Darstellungen, die eine nicht-kommerzielle Nutzung beschreiben, z.B.

„Unter Online Communities sind Gemeinschaften von Privatpersonen zu verstehen, die sich mit Hilfe der neuen Medientechnologie formieren und ihren Mitgliedern den Zugang zu einer Vielzahl an strukturierten Informations- und Kommunikationsressourcen ermöglichen. Sie fungieren dabei als zentrale Anlaufpunkte im World Wide Web für Individuen mit ähnlichen Interessen."[9]

und Definitionen in denen geschäftliche und private Communities unterschieden

---

5 Vgl. Preece, J. (2000): Online Communities: Designing Usability, Supporting Sociability, S.9.
6 Rheingold, H. (1993): The Virtual Community: Homesteading on the Electronic Frontier, S.5.
7 Döring, N. (2001): Virtuelle Gemeinschaften als Lerngemeinschaften!?: Zwischen Utopie und Dystopie. In: http://www.die-frankfurt.de/zeitschrift/32001/positionen4.htm, [02.08.2006].
8 Hagel, III J./Armstrong, A. G. (1997): Net Gain - Expanding Markets through virtual Communities, S. 143.
9 Lohse, S. 1.

werden, wie

„Eine virtuelle Gemeinschaft (engl.: virtual community) ist ein Treffpunkt im Internet, an dem die Teilnehmer Information und Meinungen austauschen. Bezugspunkt ist ein gemeinsames Interesse, etwa aus dem geschäftlichen oder dem Hobby-Bereich. Die Betreiber einer auf wirtschaftliche Nutzung ausgerichteten virtuellen Gemeinschaft (engl.: business community) streben damit eine Verbesserung der Kommunikation und Kooperation mit Marktpartnern an."[10]

Zudem existieren Definitionen, die aus Aufzählungen von typischen Merkmalen bestehen, wie

„An online community consists of:
- People, who interact socially as they strive to satisfy their own needs or perform special roles, such as leading or moderating.
- A shared purpose, such as an interest, need, information exchange, or service that provides a reason for the community.
- Policies, in the form of tacit assumptions, rituals, protocols, rules, and laws that guide people´s interactions.
- Computer systems, to support and mediate social interaction and facilitate a sense of togetherness"[11]

Vergleicht man die verschiedenen Definitionen und sucht nach Gemeinsamkeiten zwischen ihnen ergibt sich, dass fast alle Definitionen gemeinsam haben, dass eine Community aus Menschen, die gleiche Interessen haben und die sich online treffen, besteht.

Für diese Arbeit wird die Definition von Hansen/Neumann zugrunde gelegt, wobei ich nur auf private, nicht aber auf kommerzielle Communities eingehe.

2.2 Aufbau von Communities:

Beim Aufbau einer Community wird eine Strategie erstellt und Managementaktivitäten erledigt, die später zu schnellem Wachstum und Erfolg führen sollen. Zum technischen Aufbau gehört die Erstellung einer[12] „Web-Präsenz mit der technischen Infrastruktur für eine zukünftige Community."[13] Nach Cliff Figallo gibt es für den Aufbau von Communities drei kritische Merkmale: Tools, Technik und Vertrauen.

10 Hansen, H. R./ Neumann, G. (2001): Wirtschaftsinformatik I: Grundlagen betrieblicher Informationsverarbeitung, S. 599.
11 Preece, S.10.
12 Vgl Pawlowitz, S.104.
13 Pawlowitz, S. 104.

5

Für Tools, also die notwendige Soft- und Hardware um eine Community betreiben zu können, existieren relativ einfach zu installierende Lösungen. Die Betreiber der Community sollten Techniken, zu denen die Mitglieder Vertrauen haben installieren. D.h. die Instrumente der Community sollten für die Mitglieder einfach zu bedienen sein, Interesse erschaffen und die Benutzer dazu bringen, eigene Beiträge zu leisten. Menschen, die in einer Community aktiv sind, möchten, dass ihre Ideen und Beiträge erwünscht sind und respektvoll und vernünftig behandelt werden. Deshalb ist es wichtig eine Vertrauensbasis aufzubauen.[14] Damit sich Menschen in einer Gemeinschaft wohl fühlen und immer wieder zurückkehren muss sie ihre Bedürfnisse befriedigen. Um dies zu erreichen, ist es wichtig, dass man sich überlegt, welche Art von Community man erstellen möchte, welche Zielgruppe angesprochen werden soll und warum man eine Community aufbauen möchte. Die Antworten auf diese Fragen können sich mit der Zeit verändern weil sich die Bedürfnisse der Mitglieder der Community weiterentwickeln bzw. weil neue Mitglieder hinzukommen. Aus einer Gruppe berufstätiger Frauen, die regelmäßig in Kontakt stehen, könnte sich z.B. eine Beratung für Kariere und Weiterbildung entwickeln. Die Ziele der Community können sich zwar mit der Zeit verändern, aber es ist wichtig die ursprünglichen Ziele so eindeutig wie möglich zu definieren.[15] Je genauer die Themenbereiche der Community definiert sind, desto interessanter wird sie für ihre (potenzielle) Mitglieder. Außerdem muss man sich überlegen, welche Instrumente, z.B. Chat-Room und Forum, den Mitgliedern angeboten werden sollen.[16]

Für den Erfolg der Community kann das Finden der richtigen Partner ausschlaggebend sein.[17] Gibt es jemand der technische bzw. finanzielle Hilfestellung geben kann? Lassen sich Bekannte finden, die gleiche Interesse haben und somit konstruktive Kritik geben und beim inhaltlichen Aufbau helfen können, z.B. für eine "Fan-Community" ein Lexikon erstellen?

Zudem sollte man sich überlegen, welche Instrumente verwendet werden sollen. Da die Beiträge und das Wohlfühlen der Mitglieder eine zentrale Rolle für den Erfolg einer Community spielen, wird ein leicht zu bedienendes und leistungsstarkes

---

14 Vgl Pawlowitz, S. 104-105.
15 Vgl Kim, A. J. (2001): Community Building: Strategien für den Aufbau erfolgreicher Web-Communities, S. 22.
16 Vgl. Pawlowitz, S. 105-106.
17 Vgl. Pawlowitz, S. 109.

System benötigt. Um eine Community aufzubauen werden also Instrumente, die von vielen Menschen bedient werden können, benötigt.[18] Es stehen verschiedene Bausteine wie Mailinglisten, Foren, Chat-Rooms und Newsletters zur Verfügung. Um nicht eine Software, die auf die eigenen Bedürfnisse zugeschnitten ist, entwickeln zu müssen, kann man die Lizens für ein Software-Paket kaufen, in dem viele Instrumente integriert sind.[19]

Zum Aufbau der Community gehört es auch, Regeln festzulegen. Sie können in gesetzliche und soziale Bestimmungen sowie in Anwendungsregeln gegliedert werden. Gesetzliche Regeln sind als gegeben anzusehen. Der Betreiber ist zur Kontrolle der Einhaltung der gesetzlichen Bestimmungen verantwortlich. Es ist empfehlenswert sie aufzuführen, weil die Mitglieder einer Community aus verschiedenen Ländern kommen können und jedes Land seine eigenen Gesetze hat. Unter die gesetzlichen Regeln fallen z.B. Urheberrechte und das Verbot von rechtsradikalen Äußerungen. Soziale Regeln bestimmen den Umgang mit anderen Mitgliedern. Darunter fällt das Verbot von Ausdrucksweisen, die nicht gerne gesehen werden, wie beispielsweise Fluchen und Schimpfen, aber auch Spam- und Werbeverbote. In den sozialen Regeln kann alles aufgeführt werden, was von der Community nicht erwünscht und auch nicht toleriert wird.[20] Es sind also eine Art Benimmregeln, die auch Netiquette genannt werden. Die Netiquette beschrieb zunächst Empfehlungen für das Verhalten im Usenet[21], das ein weltweites Netzwerk, bestehend aus Newsgroups, an dem jeder teilnehmen kann ist.[22] Inzwischen wird die Netiquette für viele Bereiche in Datennetzen, in denen Menschen miteinander kommunizieren, verwendet. Sie hat keine rechtliche Relevanz, wird aber von vielen als sinnvoll empfunden. Es existiert kein identischer Netiquettetext, sondern eine Summe von Dokumenten, deren Inhalte sich überschneiden. Das Ziel der Netiquette ist es, die Kommunikation zwischen Netzteilnehmern zu erleichtern. Es werden verschiedene Themenbereiche, wie beispielsweise Zwischenmenschliches, also Inhalt und Ton der Beiträge, und Lesbarkeit, worunter korrekte Rechtschreibung und Satzbau, aber auch richtiges Zitieren und das Weglassen von über-

---

18 Vgl Pawlowitz, S.127.
19 Vgl. Kim, S. 69.
20 Vgl. Pawlowitz, S. 159-160.
21 Vgl. http://de.wikipedia.org/wiki/Netiquette.
22 Vgl. http://de.wikipedia.org/wiki/Usenet.

flüssigen Informationen zu verstehen ist, angesprochen.[23] Bestimmungen aus einer Netiquette sind z.b. Vergesse nicht, dass auf der anderen Seite ein Mensch sitzt; Lese zuerst, dann denke nach, lese danach nochmal, denke abermals nach und poste erst dann; Lasse dir Zeit um einen Artikel zu schreiben; Sei mit Humor und Sarkasmus vorsichtig.[24]

In den Anwendungsregeln wird festgelegt wie die einzelnen Bereiche der Community genutzt werden können und wo man Unterstützung erhält.[25] In diesen Bestimmungen kann z.b. stehen, dass in einem Unterforum, in dem man sich vorstellen kann, nur ein Thread pro Mitglied erstellt werden darf oder die Länge und Größe der Signaturen kann geregelt werden.

Die Inhalte der Regeln sind so vielseitig wie individuelle Communities vorhanden sind. Manche Communities bekräftigen ihre Mitglieder offensiv und ausdrucksstark an der Kommunikation teilzunehmen, andere versuchen genau dies zu verhindern. Traut sich in einer Flirt-Community keiner etwas offensiver zu kommunizieren, werden bald die Mitglieder fern bleiben. Dagegen möchten die Betreiber einer Community, in der primar ökonomische Fragestellungen diskutiert werden, einen dezenteren Ton aufrecht erhalten.[26]

Mit der Festlegung der Regeln ist es aber nicht getan, sie müssen auch durchgesetzt und Strategien für ihre Verletzung festgelegt werden. Zunächst können die Mitglieder der Community ermutigt werden, kleinere Reibereien selbst zu lösen, wodurch sich die Betreiber Arbeit und Zeit, die an anderen Stellen eingesetzt werden können, sparen und das Leben in der Community ruhiger verläuft. Außerdem kann ein Bereich für private und off-topic Kommunikation eingerichtet werden, womit diese Unterhaltungen in anderen Bereichen verringert werden können. Zudem kann der Betreiber eine Liste, in der unerwünschte Wörter stehen, erstellen. Taucht ein Wort aus dieser Liste auf, wird es automatisch in unlesbare Zeichen übersetzt.[27]

Ferner kann ein Bereich, in dem über die Regeln diskutiert und die Notwendigkeit der Bestimmungen erklärt werden kann, eingerichtet werden. Bei geringen Verstöß-

---

23 Vgl. http://de.wikipedia.org/wiki/Netiquette.
24 Vgl. Kneer, V. (1994): Computernetze und Kommunikation: Freie wissenschaftliche Arbeit zur Erlangung des akademischen Grades Diplom-Oeconom an der Fakulät Wirtschafts- und Sozialwissenschaften der Universitaet Hohenheim.
25 Vgl. Pawlowitz, S. 160.
26 Vgl Pawlowitz, S. 160.
27 Vgl Pawlowitz, S. 161.

en gegen die Regeln und bei erstmaligem Missachten können User aufgefordert werden sich zu entschuldigen oder zu erklären, dass es nicht so ernst gemeint war.[28] Erst bei mehrfachen geringen Verstößen, bei schwerwiegender Missachtung der Regeln und bei Gesetzesverletzungen sollte auf technische Sanktionsmassnahmen zurückgegriffen werden. Zunächst kann mit einem Ausschluss aus der Community bzw. aus Teilbereichen, für eine bestimmte Zeit oder für immer, gedroht werden. Werden die Regeln erneut verletzt, muss der Auschluss erfolgen.[29] Bei groben Verstößen gegen das Gesetz, wie Urheberrechtsverletzungen und Betrug, können juristische Schritte eingeleitet werden.[30]

2.3 Kategorisierung der Nutzer virtueller Communities:

Nutzer von Communities können auf verschiedene Arten beschrieben werden. Wetzstein und Dahm kategorisieren sie aufgrund ihres technischen Wissens und ihren Beziehungen zu anderen Mitgliedern. Sie unterscheiden Freaks, Hobbyisten und Pragmatiker. Freaks schreiben Beiträge zu verschiedenen Themen und versuchen Meinungsführer zu sein. Für sie spielt die Community zudem eine Rolle für soziale Beziehungen. Hobbyisten lesen zwar öffentliche Beiträge, aber sie schreiben lieber private Mails als sich öffentlich zu profilieren. Verglichen mit dem Freak haben sie eine geringere Erfahrung und ein niedrigeres Aktivitätsniveau. Prakmatikern ist es nicht wichtig soziale Beziehungen zu knüpfen. Für sie steht die rationale Verwendung des Potentials im Vordergrund. Pragmatiker haben die längste Erfahrung im Umgang mit EDV und üben zudem oft einen Beruf aus, bei dem sie mit Computern zu tun haben. Ein Nachteil dieser Kategorisierung ist, dass die Rolle des Einzelnen für die Community nicht aufgezeigt wird.[31] Außerdem wird nicht dargestellt, wie die verschiedenen Typen aufeinander reagieren und Mitglieder, die Eigenschaften aus zwei bzw. aus allen Kategorien haben, werden vernachlässigt.

Kim nimmt eine Unterteilung in verschiedene Mitgliederphasen vor. Dabei unter-

---

28 Vgl Kneer.
29 Vgl Kneer.
30 Vgl Pawlowitz, S. 162.
31 Stegbauer, C. (2001): Grenzen virtueller Gemeinschaft: Strukturen internetbasierter Kommunikationsforen, S. 146-147.

scheidet sie zwischen Besucher, Neuling, Mitglied, Leader und Senior. Diese fünf Phasen stellen den Lebenszyklus der Mitgliedschaft in der Community dar. Besucher haben keine Identität in der Community. Manche schauen sich die Community nur an und gehen wieder, andere schauen mehrmals vorbei. Einige dieser Besucher entschließen sich zur Registrierung bei der Community, wodurch sie zu Neulingen werden. Diese wollen sich so gut wie möglich integrieren und Beziehungen aufbauen. Dafür müssen sie zunächst in die Community eingeführt werden. Ist dies geschehen, werden sie zu Mitgliedern, die aktiv an der Community teilnehmen. Vereinzelte dieser Mitglieder, die genug Zeit zur Vefügung haben und ein starkes Interesse an der Community zeigen, werden zum Leader. Sie haben die Aufgabe den Neulingen zu helfen und dafür zu sorgen, dass die Regeln eingehalten werden. Nach einiger Zeit wird es manchen Leadern zu viel, diese Aufgaben zu übernehmen. Sie ziehen sich zurück und werden Senioren. Viele Mitglieder überspringen die Gruppe der Leader und gehen direkt von der 3. in die 5. Phase über.[32]

2.4 Beziehungen:

Für Menschen ist es ein Grundbedürfnis sich mit anderen Menschen, die in einer ähnlichen Situation sind, zu verbinden. So haben z.B. Mütter weltweit ähnliche Anliegen und Probleme, die von "Nicht-Müttern" nicht in gleicher Weise verstanden werden. Eine ähnliche Lebenssituation ist die Grundlage und gibt den Anreiz, Informationen auszutauschen, Gefühle zu besprechen, Probleme zu lösen und herauszufinden, ob die selbst gemachte Erfahrung aussergewöhnlich und einzigartig oder ganz normal ist.[33] So verwundert es nicht, dass die Fokusierung auf ein bestimmtes Thema für eine Community oft die Voraussetzung ist, dass ihre Mitglieder Inhalte zur Verfügung stellen. Durch die Konzentration auf ein Thema wird erreicht, dass sich die Mitglieder mit Menschen, die das gleiche Interesse haben, unterhalten können, wodurch soziale Bedürfnisse befriedigt werden. Somit können die Mitglieder persönliche Beziehungen zueinander aufbauen, was die Bindung an die Community erhöht.[34] Durch verschiedene Instrumente, wie beispielsweise Chat-

---

32 Vgl Kim, S. 134-135.
33 Vgl. Schubert, P. (1999): Virtuelle Transaktionsgemeinschaft im Electronic Commerce: Management, Marketing und Soziale Umwelt, S. 73.
34 Vgl Pawlowitz, S. 31.

Rooms, Mailinglisten und Fotoalben, können persönliche Beziehungen und somit die Bindung an die Community verstärkt werden.

Kapitel III: Erfolgsfaktoren einer Community:

3.1 Startseite:

Die Startseite der Community sollte einen guten Überblick über die Inhalte und Ziele der Community darstellen. Folgende Informationen und Links sollten auf der Startseite vorhanden sein:

– Link zur Anmeldung für neue Mitglieder

– Links zu den einzelnen Bereichen, die von den Mitgliedern genutzt werden können, wie z.B. Forum, Chat

– Link zu Informationen über die Betreiber und das Team der Community

– Link zu einer Sitemap, die eine Art Inhaltsverzeichnis darstellt und mit deren Hilfe sich der User leicht zurechtfindet und einen schnellen Überblick über alle Unterseiten, die nicht direkt auf der Startseite verlinkt sind, erhält.

– Newsletterabonnierung, die auch von noch nicht registrierten Usern genutzt werden kann (falls ein Newsletter zur Verfügung gestellt wird).

– Informationen über aktuelle Events wie Spiele, Gewinnspiele und Wettbewerbe[35]

3.2 Mitglieder

3.2.1 Bedürfnisse der Mitglieder:

Ein wesentlicher Aspekt für eine erfolgreiche Community ist die Befriedigung der Bedürfnisse der Mitglieder. Um diese zu realisieren muss man versuchen, die Mitglieder zu verstehen. Um dies zu erreichen kann man sich z.B. folgende Fragen stellen: Wer sind die Mitglieder? Sind sie homogen? Existieren Untergruppen? Welche Interessen und Gewohnheiten haben die Mitglieder?[36]

---

35 Vgl Pawlowitz, S. 75.
36 Vgl. Kim, S. 29.

11

3.2.2 Anzahl der Mitglieder:

Die wünschenswerte Anzahl der Mitglieder ist abhängig vom Thema der Community. Laut Beinhauer benötigt eine sich selbst organisierende Community etwa 5000 Mitglieder[37]. Allerdings sollte beachtet werden, dass in einer Community mit geringerer Mitgliederzahl auch weniger Arbeit anfällt und, dass die Höhe der erforderlichen Arbeit vom Verhalten der Mitglieder abhängig ist. Somit kann sich auch eine kleinere Community selbst organisieren. Für den Nutzer hängt die optimale Mitgliederzahl von seinen persönlichen Vorlieben ab. In einer großen Community werden Diskussionen häufig sehr lang. Außerdem gibt es jeden Tag unzählige neue Beiträge. Für ein Mitglied, das die Community nicht häufig besucht, kann dies zur Folge haben, dass es mit der Fülle der Informationen nicht stand halten kann. Ein solches Mitglied wäre in einer kleineren Community besser aufgehoben. Verbringt dagegen jemand jeden Tag mehrere Stunden in einer Community, kann es ihm in einer kleinen Gemeinschaft schnell langweilig werden.

3.2.3 Beschleunigtes Mitgliederwachstum:

Durch ein beschleunigtes Mitgliederwachstum ergibt sich:
- eine steigende Variationsbreite und Qualität der Inhalte. Dadurch erhält man eine Erhöhung der Attraktivität der Community, was zum beschleunigten Mitgliederwachstum führt.
- eine Erhöhung der Kommunikation, die zu einer sozialen Bindung beiträgt und damit zu sinkender Wechselrate und somit wiederum zum beschleunigten Mitgliederwachstum führt.[38]

3.2.4 Mitgliederprofile:

Über Benutzerprofile werden die Mitglieder einer Community beschrieben. Es werden Daten, die durch die „Verfolgung der Nutzerinteraktionen aufgezeichnet"[39] werden, wie z.B. Login-Zeiten, aber auch Daten, die der Nutzer selbst eingibt, wie beispielsweise Geburtsdatum, Geschlecht und Hobbies, dargestellt. Zu unter-

---

37 Vgl. Beinhauer, M. (2004): Knowledge Communities: Informationssystem zur Unterstützung des Wissensmanagement in virtuellen Wissensgemeinschaften: Dissertation zur Erlangung eines Doktors der Wirtschaftswissenschaften der Rechts- und Wirtschaftswissenschaftlichen Fakultät der Universität des Saarlandes, S. 78.
38 Vgl Beinhauer, S. 79.
39 Lohse, S.40.

scheiden sind Systemprofil, persönliches Profil und offizielles Profil. Das Systemprofil enthält alles, was die Betreiber der Community über die User tracken und
speichern. Das persönliche Profil umfasst die Daten, die das Mitglied über sich
selbst einsehen kann, wie z.B. Nickname, Passwort und Informationen zum
Account. Manche dieser Daten sind vertraulich, andere können den restlichen Mitgliedern zugänglich gemacht werden. Das offizielle Profil beinhaltet alles, was sich
die anderen Mitglieder ansehen können. Ob das auch persönliche Daten sind, hängt
von der Community[40] und den Einstellungen des Mitglieds ab.

3.3 Chat-Rooms:

Chat-Rooms zählen zu den beliebtesten Instrumenten von Communities. Sie stellen
eine neue und ungewöhnliche Form der Kommunikation dar.[41] Die Wahrscheinlich-
keit, durch das Chatten andere Menschen kennen zu lernen und neue Freundschaft-
en zu knüpfen, sind hoch. Die Voraussetzung für einen Chat ist eine Mindestanzahl
an Nutzern, weil er sonst nicht funktionieren kann. Um zu chatten müssen sich
mindestens zwei Personen gleichzeitig im Chat befinden.[42] Allerdings steigt der
Nutzen für die zwei Personen, die bereits im Chat sind, wahrscheinlich enorm an,
wenn weitere User den Chat betreten. Dies stellt die Schwierigkeit für die Erstellung eines erfolgreichen Chats dar. Ein nicht erfolgreicher Chat führt zu Ent-
täuschung bei den Usern, die eventuell falsche Rückschlüsse auf die Community
ziehen und nicht wieder kommen. Ein Chat-Room sollte also erst eingerichtet
werden wenn eine bestimmte Mitgliederzahl erreicht ist.[43]

Es kann zwischen verschiedene Chat-Arten unterschieden werden:

- Fun-Chats:

    Sie werden gewählt um Spaß zu haben. Ein erfolgreicher Fun-Chat wird
    normalerweise von unzähligen Usern besucht.

- Experten-Chats:

    Bei dieser Chat-Art, die von Anbietern gesponsert werden kann, gibt es einen
    Themenplan. Zu den einzelnen Themen werden Experten, die die Fragen der

---

40 Vgl Pawlowitz, S. 141-142.
41 Vgl Pawlowitz, S. 75.
42 Vgl Pawlowitz, S. 77.
43 Vgl. Pawlowitz, S.77.

User beantworten, eingeladen.

- Prominenten-Chats:

Sie sind ähnlich wie der Experten-Chat gestaltet. Der Experte ist in diesem Chat eine prominente Person. Der Prominenten-Chat ist ein Event, das frühzeitig angekündigt werden sollte.

- Moderierte Chats:

Es werden einzelne Fragen, die für alle User interessant sind, gestellt und im Normalfall von Experten oder Prominenten beantwortet.

- Offene Chats:

Alle User können Fragen stellen und Antworten geben. Dies führt zu wild durcheinander gehenden Textbotschaften, wodurch es etwas dauern kann bis man die Antwort auf die eigene Frage findet.[44]

3.4 Mailinglisten:

Mailinglisten sind E-Mail-Dienste durch die Informationen schnell verbreitet werden können.[45] Die Nachrichten werden an alle E-Mail-Adressen, die auf der Liste stehen, gesendet. Es gibt unmoderierte, moderierte und Broadcast Mailinglisten.[46] Bei unmoderierten Mailinglisten ist es jedem Teilnehmer erlaubt Nachrichten zu schreiben. Sie werden nicht kontrolliert und direkt an alle anderen Teilnehmer versendet.[47] Unmoderierte Mailinglisten sind besonders für Gruppen, die sich bereits kennen, geeignet, wie beispielsweise Personen, die gemeinsam eine Aufgabe bearbeiten. Der Nachteil von unmoderierten Mailinglisten ist, dass die Nachrichten nicht kontrolliert werden und somit jeder selbst entscheidet, ob seine Nachricht für das Thema relevant ist.[48] Bei moderierten Mailinglisten werden die Beiträge der einzelnen Teilnehmer zunächst von einem Moderator überprüft. Er entscheidet, ob die Beiträge dem Thema entsprechen und sendet sie, falls dies der Fall ist, an die übrigen Teilnehmer weiter.[49] Der Nachteil von moderierten Mailinglisten ist, dass die Teilnehmer den Eindruck bekommen können, dass ihre Nachrichten zensiert

---

44 Vgl Pawlowitz, S. 77-78.
45 Vgl. Pawlowitz, S.84.
46 Vgl Kim, S. 52.
47 Vgl Pawlowitz, S. 84.
48 Vgl Kim, S. 52.
49 Vgl Pawlowitz, S. 84.

oder nicht adäquat weitergegeben werden. Bei einer Broadcast Mailingliste darf nur der Moderator Nachrichten versenden. Dabei ist ein Nachteil, dass die Gemeinschaft nicht sonderlich gefördert wird, weil die Mitglieder nicht direkt miteinander kommunizieren können.[50] Broadcast Mailinglisten sind z.b. für Newsletter geeignet. Durch Newsletter können die Mitglieder beispielsweise über aktuelle Ereignisse, die für sie von Interesse sind, und über Events der Community informiert werden.[51]

3.5 Foren:

Sie gehören zu den beliebtesten Instrumenten einer Community. Für das Wort Forum gibt es eine Reihe von Synonymen wie Newsgroups, Message Board, Bulletin Board und Conference. Foren entstanden bereits Anfang der 80er im universitären und wissenschaftlichen Bereich und dienten dort dem Austausch von wissenschaftlichen Themen und Sachverhalten. Mittlerweile existieren mehrere Tausend Foren zu verschiedenen Themen. Die Mitglieder stellen ihre Meinungen, Fragen und Anregungen in Form eines Beitrags, der auch Post genannt wird, für die anderen Mitglieder öffentlich dar.[52] Foren sind asynchron, d.h. die Mitglieder müssen nicht zur selben Zeit am selben (virtuellen) Ort sein, um kommunizieren zu können. Somit bieten Foren die Möglichkeit Unterhaltungen, die sich über längere Zeit ziehen, zu führen. Dadurch können Gespräche mit zahlreichen Beiträgen entstehen. Da in Foren der Inhalt aller Posts angezeigt wird, ist es für Mitglieder, die noch nicht an einer Unterhaltung beteiligt sind, einfach sich im Thema zurechtzufinden. Für den Aufbau eines Forums stehen verschiedene Möglichkeiten zur Verfügung. Lineare Boards stellen für jede Unterhaltung ein separates Thema zur Verfügung. Die Beiträge folgen in chronologischer Reihenfolge aufeinander. Ein User kann einen neuen Gesprächszweig erzeugen indem er ein neues Thema parallel zur eigentlichen Unterhaltung anschneidet. Bei Threaded Boards gibt es ein Hauptthema, das sich in mehrere Themen gliedert.[53] Ein Forum mit dem Hauptthema Harry Potter kann sich z.B. in die Themen Bücher, Filme und Fans gliedern, wobei Bücher wiederum in

---

50 Vgl Kim, S. 52.
51 Vgl. Pawlowitz, S. 89.
52 Vgl Pawlowitz, S. 94.
53 Vgl Kim, S. 53-54.

die Themen Buch1 bis Buch 7, Filme in Film 1 bis Film 5 und Fans in Fanfictions, Rollenspiele und Fanart unterteilt werden können. Die Mitglieder können in den einzelnen Themen Threads, in denen sie Fragen stellen und ihre Meinung äußern können, erstellen. In Foren kann man also mehrere Unterhaltungen zu einem Thema parallel führen. Die Mitglieder haben die Möglichkeit nur die Threads zu lesen, die für sie von Interesse sind.[54]

3.6 Vertrauen:

Identitäten im Internet können nicht risikofrei abgeschätzt werden. Man kann sich nie vollkommen sicher sein mit wem man es zu tun hat. Außerdem ist es schwer, jemanden für sein Verhalten zur Rechenschaft zu ziehen. Durch die Möglichkeit der Überprüfung von Mitgliederprofilen entsteht Vertrauensbildung. Wie intensiv die Vertrauensbasis sein muss, hängt vom Thema der Community und den eigenen Zielen ab. Um mit einem anderen Moorhuhn zu spielen wird kein Vertrauen benötigt.[55] Auch jemand, der Informationen über einen naheliegenden Tauchplatz haben möchte, benötigt kein sehr großes Vertrauen zu den anderen Mitgliedern, aber ein User einer Investment-Community, der eventuell auch Geschäfte machen will, möchte wissen mit wem er es zu tun hat. Genauso wichtig ist das Vertrauen zu den Betreibern der Community. Je intensiver der Kontakt der Mitglieder zur Community ist desto offener sind sie. Um sich dabei wohl zu fühlen wird Vertrauen in die Betreiber benötigt. Die Mitglieder müssen sich darauf verlassen können, dass die Betreiber mit persönlichen Daten vertraulich umgehen.[56]

3.7 Inhalte:

Die Inhalte der Community sollten aktuell und hochwertig sein. „Nur durch die Masse von Artikeln kann auf Dauer kein User in der Community gehalten werden."[57] Durch hochwertige Beiträge können Mitglieder zu Dauermitglieder, die sich

---

54 Vgl. Kim, S. 54.
55 Vgl Pawlowitz, S. 142-143.
56 Vgl. Pawlowitz, S. 143.
57 Beinhauer, S. 78.

16

selbst in die Community einbringen und die Eigendynamik fördern, werden.[58]

3.8 Events:

Events tragen zur Lebendigkeit einer Community und zum Aufbau persönlicher Beziehungen bei. Das Event-Programm spiegelt die Interessen, Bedürfnüsse und den Tagesablauf der Mitglieder wieder. Damit Events erfolgreich sind, müssen sie gut geplant sein. Man muss sich überlegen, was für ein Event durchgeführt werden soll, wo und wann es stattfinden soll und wer die Leitung übernimmt.[59] Mögliche Events sind Wettbewerbe, Gewinnspiele, reale Treffen, themenbezogene und Experten-Chats. Je nach Thema der Community bieten sich verschiedene Events an. So kann man z.B. beim aktuellen Gewinnspiel bei taucher.net Tauchpakete (vorgebuchte Tauchgänge in einem Urlaubsgebiet), Sweat-Shirts und T-Shirts gewinnen.[60]

Kapitel IV: Unterschiede zu offline Communities

Der größte Unterschied zwischen off- und online Gemeinschaften besteht in den Face-to-Face-Kontakten. Während offline Communities fast ausschließlich aus realen Treffen bestehen, sind sie für virtuelle Communities etwas besonderes und es wird wahrscheinlich nie ein reales Treffen geben, bei dem alle Mitglieder einer virtuellen Community anwesend sind. Durch regelmäßige Treffen entstehen Routinen und Gewohnheiten, die den Mitgliedern helfen in Kontakt zu bleiben. Außerdem helfen sie neuen Mitgliedern Beziehungen aufzubauen[61] und sich in die Gruppe zu integrieren. Bei offline Gemeinschaften finden diese regelmäßigen Treffen z.B. in Kneipen, Sportvereinen und Kirchen statt. Online Communities treffen sich beispielsweise in Chat-Rooms und Foren.

Ein weiterer Unterschied besteht in der Identität. Im klassischen Sinne versteht man

---

58 Vgl Beinhauer, S. 78.
59 Vgl Kim, S. 246-252.
60 Vgl. http://www.taucher.net, aufgerufen am 28.10.2006.
61 Vgl. Kim, S. 254-255.

17

unter Identität „das Bewusstsein, sich von anderen Menschen zu unterscheiden (...)
sowie über die Zeit (...) und verschiede Situationen (...) hinweg – auch für die Umwelt erkennbar – dieselbe Person zu bleiben"[62] Die Selbstdarstellung erfolgt verbal
und nonverbal. Dies ist im Internet stark eingeschränkt, da man sich nur durch Text
und Grafiken darstellen kann. Allerdings hat man im Internet einen größeren Frei-
raum. So kann man sich z.b. eine alternative virtuelle Identität aufbauen. Diese
entsteht nicht durch die Wahl eines Nicknames oder dem Betreten eines Chat-
Rooms sondern ist das Resultat einer ausführlichen Auseinandersetzung mit der
nach und nach geformten virtuellen Person, durch die Kontakte zu anderen virtuellen Personen geknüpft werden. Durch die thematisch vielfältigen virtuellen
Communities kann man Anschluss an Gemeinschaften finden, die sich mit Themen
beschäftigen, mit denen man sich bisher nur oberflächlich beschäftigt hat. Zunächst
kann man unverbindlich hineinschnuppern und wenn sich das Interesse vertieft,
selbst aktiv werden. Somit kann man durch die Nutzung virtueller Communities
erstmals auf bestimmte Selbst-Aspekte aufmerksam werden, die mit der Zeit zur
Identität beitragen.

Durch das Fehlen des Face-to-Face-Kontakts kann man sich im Netz beliebige
Attribute zuschreiben. Man kann nur Modifizierungen einzelner Merkmale vor-
nehmen, z.B. kann man sich etwas jünger machen, das falsche Geschlecht angeben
und das Aussehen verändern, aber auch eine virtuelle Person aufbauen, deren
Attribute und Verhaltensweisen stark von der Person, die vor dem Bildschirm sitzt,
abweichen.

Die Selbst-Aspekte, die sich durch die Nutzung virtueller Gemeinschaften bilden,
können sich unterschiedlich weiterentwickeln und auch Einfluss auf das Leben
außerhalb der Community nehmen. Die Erfahrung, in sozialen Onlinesituationen
anders als gewohnt zu handeln und wahrgenommen zu werden, regt Selbstreflexi-
onsprozesse an. Außerdem können Verhaltensweisen des Online-Charakters auf
soziale Situationen außerhalb des Internets übertragen werden. Dadurch sorgen die
Erfahrungen, die man in der Community macht, für eine Erweiterung der sozialen
Handlungsmöglichkeiten im Offlinebereich. Auf der anderen Seite ist es auch möglich, dass die kontrollierbare Onlinedarstellung eine Gegenwelt, in die man bei

---

62 Döring, N (1999): Sozialpsychologie des Internet: Die Bedeutung des Internet für
Kommunikationsprozesse, Identitäten, soziale Beziehungen und Gruppen, S. 255.

Problemen flüchtet, darstellt.[63]

Für das Vorhandensein einer Gemeinschaft lassen sich drei Bedingungen nennen. Erstens muss eine regelmäßige[64] und über eine gewisse Zeit hinweg stabile[65] Kommunikationsbeziehung vorhanden sein. Zweitens muss es in der Gemeinschaft gemeinsam geteilte Normen und Werte, also eine Art Gruppenkultur, geben. Drittens muss es eine Abgrenzung nach außen geben.[66] Die Bildung einer Gemeinschaft ist im Internet also möglich, aber es ist anspruchsvoller sie aufzubauen, da sich on- und offline Kommunikationen unterscheiden. Die Ausdrucksmöglichkeiten bei der Internet-Kommunikation sind beschränkt. Es fallen nicht nur optische Aussagen durch Gesten, Körperhaltung und Kleidung sondern auch verbale Äußerungen, wie Räuspern und Tonlage, weg. Zudem kann der Teilnehmer, wie bereits erwähnt selbst wählen wie er auftritt. Außerdem ist es in den meisten Communities möglich, sich mehrere Accounts einzurichten. Dadurch kann man mit mehreren Identitäten gleichzeitig auftreten. Des weiteren ist es nicht nur einfach einer virtuellen Community beizutreten sondern genauso einfach wieder auszutreten. Durch diese Unterschiede zu realen Gemeinschaften entstehen Nachteile in der Internet-Kommunikation. Da die Gespräche auf Basis von Texten stattfinden, kommt es öfter zu Mißverständnissen. Zudem ist es schwer die anderen Mitglieder zu identifizieren. Außerdem kann der Kontakt einfach durch einen Tastendruck abgebrochen werden, wodurch man sich z.B. kritischen Diskussionen entziehen kann. Die Internet-Kommunikation hat aber auch Vorteile. Die Begrenzung auf den Text ermöglicht und begünstigt Sprachspiele. Oft entwickeln sich in einer virtuellen Community eigene Redeweisen, die z.B. Abkürzungen beinhalten, die von Aussenstehenden erst nach einigem Überlegen verstanden werden. Außerdem erhält man die Möglichkeit verschiedene Positionen der eigenen Darstellung auszuprobieren und sich fremden Personen gegenüber zu öffnen, was sehr unterhaltsam und amüsant sein kann.[67]

---

63 Vgl Döring (1999), S. 260-300.
64 Vgl. Müller, C. (2001b): Die digitale Gesellschaft?: Vortrag anlässlich des ersten Kongresses des Impulsprogramms CH21 vom 22. / 23. Mai 2001 im Centre for Global Dialogue der Swiss Re in Rüschlikon / CH Workshop IV – Impuls Gesellschaft, S.7.
65 Vgl. Müller, C. (2001a): Online Communities im Internet: Vortrag anlässlich der XI. Tagung des Berufsverbandes Deutscher Soziologinnen und Soziologen e.V. am 27. April 2001 in Bad Boll, S.5.
66 Vgl Müller (2001b), S. 7.
67 Vgl. Müller (2001a), S. 6-7.

Kapitel V: Fazit

Durch virtuelle Communities können bestehende Beziehungen über geographische Entfernungen hinweg gepflegt werden. Außerdem können neue Kontakte geknüpft werden. Ob sich diese zu Beziehungen entwickeln hängt vom Verhalten des einzelnen ab.

Das Internet wird heute routinemäßig verwendet, um miteinnander zu kommunizieren. Es ist bereits bei vielen Menschen in den Alltag integriert und für Kinder und Jugendliche so selbstverständlich wie das Telefon. Deshalb ist anzunehmen, dass sich die Anzahl der virtuellen Communities weiter erhöht.

Ob eine virtuelle Community als erfolgreich bezeichnet werden kann oder nicht hängt nicht nur von ihrem Aufbau sondern auch von der subjektiven Meinung und den Zielen des einzelnen ab. Manche Leute fühlen sich in kleinen Communities wohl, einige möchten mit ihrer Identität experimientieren, andere haben zum Ziel Beziehungen aufzubauen und etliche nutzen die Community zur Unterhaltung und um Spaß zu haben. Daraus folgt, dass kein allgemein gültiges Rezept für eine erfolgreiche Community existiert.

Literaturverzeichnis:

Beinhauer, M. (2004): Knowledge Communities: Informationssystem zur Unterstützung des Wissensmanagement in virtuellen Wissensgemeinschaften: Dissertation zur Erlangung eines Doktors der Wirtschaftswissenschaften (Doctoris rerum oeconomicarum) der Rechts- und Wirtschaftswissenschaftlichen Fakultät der Universität des Saarlandes, Köln: Josef Eul.

Döring, N (1999): Sozialpsychologie des Internet: Die Bedeutung des Internet für Kommunikationsprozesse, Identitäten, soziale Beziehungen und Gruppen, 1. Auflage, Göttingen/Bern/Toronto/Seattle: Hogrefe

Döring, N. (2001): Virtuelle Gemeinschaften als Lerngemeinschaften!?: Zwischen Utopie und Dystopie. In: http://www.die-frankfurt.de/zeitschrift/32001/positionen 4.htm, [02.08.2006]

Hagel, III J./Armstrong, A. G. (1997): Net Gain - Expanding Markets through virtual Communities. In: McKinsey Quarterly, Nr. 1, 1997, S. 140-153, Wiesbaden: Thomas Gabler.

Hansen, H. R./ Neumann, G. (2001): Wirtschaftsinformatik I: Grundlagen betrieblicher Informationsverarbeitung, 8. Auflage, Stuttgart: Lucius & Lucius.

Kim, A. J. (2001): Community Building: Strategien für den Aufbau erfolgreicher Web-Communities, 1. Auflage, Bonn: Galileo Press.

Kneer, V. (1994): Computernetze und Kommunikation: Freie wissenschaftliche Arbeit zur Erlangung des akademischen Grades Diplom-Oeconom an der Fakulät Wirtschafts- und Sozialwissenschaften der Universitaet Hohenheim. In: http://infosoc.uni-koeln.de/etext/text/kneer.94a.txt, [03.10.2006]

Lohse, C. (2002): Online Communities: Ökonomik und Gestaltungsaspekte für Geschäftsmodelle: Vollständiger Abdruck der von der Fakultät für Wirtschaftswissenschaften der technischen Universität München zur Erlangung des akademischen Grades eines Doktors der Wirtschaftswissenschaften (Dr. rer. pol.) genehmigten Dissertation

Müller, C. (2001a): Online Communities im Internet: Vortrag anlässlich der XI. Tagung des Berufsverbandes Deutscher Soziologinnen und Soziologen e.V. am 27. April 2001 in Bad Boll; Institut für Soziologie der Universität Bern. In: http://www.soz.unibe.ch/ii/virt/badboll.pdf [29.10.2006]

Müller, C. (2001b): Die digitale Gesellschaft?: Vortrag anlässlich des ersten Kongresses des Impulsprogramms CH21 vom 22. / 23. Mai 2001 im Centre for Global Dialogue der Swiss Re in Rüschlikon: / CH Workshop IV – Impuls Gesellschaft; Institut für Soziologie der Universität Bern. In: http://www.soz.unibe.ch/ii/virt/ch21.pdf [29.10.2006]

Pawlowitz, N. (2001): Kunden gewinnen und binden mit Online-Communitys: So profitieren Sie von Foren, Chats, Newsgroups und Newslettern: Die Strategien für erfolgreiches Internet-Marketing, 1. Auflage, Frankfurt/New York: Campus.

Preece, J. (2000): Online Communities: Designing Usability, Supporting Sociability, 1. Auflage, Chichester/New York/Weinheim/Brisbane/Singapore/ Tokio: John Wiley and Sons.

Rheingold, H. (1993): The Virtual Community: Homesteading on the Electronic Frontier, 1. Auflage, New York: Addison Wesley.

Schubert, P. (1999): Virtuelle Transaktionsgemeinschaft im Electronic Commerce: Management, Marketing und Soziale Umwelt, 1. Auflage, Lohmar/Köln: Josef Eul.

Stegbauer, C. (2001): Grenzen virtueller Gemeinschaft: Strukturen internetbasierter Kommunikationsforen, 1. Auflage, Wiesbaden: Westdeutscher